AF451924

HISTOIRE ANATHOMIQUE D'UN ENFANT,

QUI A DEMEURE' VINGT-CINQ ans dans le ventre de sa Mere.

Avec des Reflexions qui en expliquent tous les Phenomenes.

Par NICOLAS DE BLEGNY, *Chirurgien du Roy*, *Maistre & Iuré à Paris.*

A PARIS,
Chez LAURENT D'HOURRY, sur le Quay des Augustins, à l'Image S. Jean.

M. DC. LXXIX.
Avec Privilege, & Approbation.

APPROBATION
de Monsieur le Premier Medecin du Roy.

NOus avons leû l'*Histoire Anathòmique d'vn Enfant qui a demeuré vingt-cinq ans dans le ventre de sa Mere*, de la Composition de Monsieur DE BLEGNY, & nous n'y avons rien trouvé qui en puisse empescher l'Impression : A Saint Germain en Laye le 6. Fevrier 1679.

Signé DACQUIN.

Extraict du Privilege du Roy.

PAr Grace & Privilege du Roy, donné à Paris le 2. jour de Février 1679. Il eſt permis à NICOLAS DE BLEGNY Chirurgien du Roy, Maiſtre & Juré à Paris, de faire imprimer par tel Imprimeur, en tel volume, marge & caractere qu'il voudra choiſir, & autant de fois que bon luy ſemblera, *Les Nouvelles découvertes qu'il a faites, qu'il fera cy apres, ou qu'il pourra recouvrer d'ailleurs ſur toutes les parties de la Medecine, à meſure qu'il les aura faites, ou recouvertes;* & ce pendant le temps & eſpace de ſix années, à conter du jour que chaque Volume ou Cahiers ſeront achevez d'imprimer; avec deffenſes à tous Libraires, Imprimeurs & autres d'imprimer, faire imprimer, vendre & diſtribuer leſdites Nouvelles découvertes, ſous quelque pretexte que ce ſoit, meſme d'impreſſion étrangere, ou autrement, ſans le conſentement exprés dudit de Blegny; à peine de confiſcation des Exemplaires, trois mil livres d'amande, dépens, dommages, & intereſts; ainſi qu'il eſt plus amplement porté par les Lettres de Privilege.

Regiſtré ſur le Livre de la Communauté des Libraires & Imprimeurs de Paris, le 5. Février 1679.

Signé E. COVTEROT, *Syndic.*

Achevé d'imprimer pour la premiere fois e 13. Feyrier 1679.

HISTOIRE

ANATHOMIQUE

D'UN ENFANT QUI A demeuré vingt-cinq ans dans le ventre de sa mere.

Ans les derniers mois de l'année 1652. Marguerite Mathieu, femme de Jean Puget Tondeur de drags à Thoulouze, aprés avoir accouché assez heureusement de dix enfans, se trouva enceinte du onziéme : Vers la fin du neufviéme mois de cette grossesse, elle ressentit les dou-

A iij

leurs de l'enfantement ; la vio-
lence du mal l'obligea de se cou-
cher ; on manda vn Chirurgien
accoucheur , qui apres l'avoir
touchée, assura que rien n'estoit
disposé pour l'accouchement:
les douleurs devinrent violentes,
& la travaillerent cruellement
durant deux mois entiers: On ap-
pella pendant ce temps deux fa-
meux Medecins ; ils ordonnerent
plusieurs remedes histeriques &
aperitifs , mais qui n'eurent point
d'autre effet que celuy de pous-
ser quelques grumeaux de sang
hors de la matrice.

Apres ce premier temps, elle
passa encore prés de trois mois
avec de fascheuses douleurs,
mais plus supportables que les
premieres , quoy qu'elles furent
neantmoins accompagnées d'vn
écoulement continuel de matie-

re purulente ; de là elle commen-
ça à reprendre ſes forces, ſa matrice ne rendit plus rien , & la
ſeule ſujettion de ſe tenir couchée ſur le dos, donnoit vn fort
grand relaſche à ſes douleurs ; de
façon toutefois qu'elle eſtoit fort
incommodée de ſon fardeau en
toute autre ſituation , & qu'elle
le ſentoit changer de place , toutes les fois qu'elle ſe tournoit d'vn
coſté ou d'vn autre ; elle demeura
dix-huit ou dix-neuf ans dans
cet eſtat, & on a remarqué durant tout ce temps , qu'aprés
vne intermiſſion de pluſieurs
mois, elle ſouffroit des épreintes
ſi violentes, qu'elle preſſoit ſou-
vent ſon Chirurgien de luy ou-
vrir le ventre, & d'oſter ce qui
luy cauſoit tant de mal.

Depuis ces premieres années
juſqu'en 1675. cette maſſe qui

A iiij

l'avoit tant incommodée par fa groffeur & par fon poids , luy donna dautant moins à fouffrir, qu'elle demeura fixe dans le ventre , foûtenuë en quelque forte, & fans qu'on y remarquaft le moindre mouvement : Enfin le 17. Juin de la mefme année, elle fut furprife d'vne fiévre continuë , qui termina tout enfemble fa vie & fa mifere à la foixante & deuxiéme année de fon âge.

Le lendemain on fit l'ouverture de fon corps ; on trouva fur tout le fond de la matrice vn corps dur comme de la pierre , concave du cofté du fond de cette partie , long d'environ quatre travers de doigts , & qui fermoit vn vlcere de mefme grandeur : la figure en eft reprefentée au I. nombre : A cet vlcere prés le refte de la Matrice eftoit dans

fa conformation naturelle, auſſi
bien que toutes les autres parties du bas ventre, excepté l'E-
piploon qui avoit acquis l'épaiſſeur de deux bons travers de
doigts, & qui eſtoit devenu ſkir-
reux & vn peu charnu.

Ces choſes ayant eſté conſide-
rées, on renverſa l'Epiploon ſur
la poitrine du cadavre, & on vit
alors vne maſſe informe qui
luy eſtoit fort adherante, lon-
gue d'environ onze poulces, &
peſant huit livres chacune de
ſeize onces. Du coſté que cette
maſſe eſtoit jointe à l'Epiploon,
& lors qu'elle en fut détachée,
elle parut telle qu'elle eſt figurée
au II. nombre. Toute ſa ſuperfi-
cie n'eſtoit qu'vne crouſte d'vn
bon poulce d'épaiſſeur, & encore
plus en quelques endroits: cette
crouſte eſtoit preſque auſſi dure

que les cartillages & d'vn jaune
fort pasle, excepté du costé de la
jonction marquée, où elle estoit
moins dure & plus rougeastre.
Quelques personnes ayant eû la
curiosité de l'exposer au feu, ob-
serverent qu'elle se fondoit comme du suif ; de maniere toutes-
fois qu'aprés sa fusion il restoit
vne sorte de membrâne , &
quelques tuberculles plastreux
qui estoient en differends endroits de sa substance.

Cependant comme on ne laissa
pas de voir quelques legeres tra-
ces d'vn enfant à l'inspection de
cette enveloppe, elle fut décou-
pée & détachée le plus douce-
ment qu'il fut possible , & à la
fin on en découvrit vn qu'on re-
connu estre masle , au moyen de
la verge qu'on trouva entre les
chairs des aînes : Il estoit situé

de façon que fa tefte eftoit appuyée fur le fond de la matrice, auffi bien que fa main droite, qui eftoit placée vers la partie fuperieure de l'occiput le poingt fermé. Le devant de fon corps regardoit l'épine du dos de fa mere, le derrier eftoit du cofté de l'Epiploon,& fes pieds eftoient recourbez & fe portoient vers le haut; il occupoit en partie la region ombilicalle , & en partie l'Hipogaftrique , tirant vn peu vers le cofté gauche.

On trouva qu'il avoit les paupierres encore garnies de leurs Cils, les yeux enfoncez , & leurs membrânes fleftries ; fon nez paroiffoit applatty , fes lévres eftoient bordées d'vne matiere encore plus dure que celle de fon enveloppe ; & aprés avoir incifé fes gencives, on trouva qu'il avoit

A vj

au deſſous d'elles, des dents preſ-
qu'auſſi grandes que celles qu'on
voit aux adultes ; on vit ſous le
bras droit & prés l'oreille du
meſme coſté, vne petite touffe de
cheveux blonds fort courts ; Les
ongles de ſes pieds & de ſes mains
eſtoient longs, durs & raboteux ;
les chairs du col, des aînes & des
parties prochaines eſtoient teintes de ſang ; Les os de la teſte
eſtoient disjoints , le Cerveau
eſtoit fort affaiſſé, & à peu prés
de la couleur & de la conſiſtance
de l'onguent Roſat ; Les parties
contenuës de la poitrine & du
ventre eſtoient deſſechées &
noirraſtres ; les muſcles & les
tendons des extremitez n'a-
voient preſque rien perdu de leur
groſſeur, ny de leur conformation naturelle, ſi ce n'eſt que les
Fibres charneux eſtoient ou

blancs, ou jaunes, ou livides : Ses genoux eſtoient vn peu écartez l'vn de l'autre ; le pied gauche eſtoit vn peu replié , & cachoit le droit ſous luy ; ſa main gauche eſtoit fermée & ſerrée contre le menton & le genoüil du meſme coſté : Enfin à l'exception du bras droit, toutes les autres parties eſtoient à peu prés rangées com-me celles des autres Enfans, qui ſont encore dans la matrice : Ce qu'on peut aiſément remarquer par la troiſiéme Figure. Depuis qu'il a eſté allongé, on luy a trou-vé environ quatorze poulces de longueur, quoy que l'Eſpine du dos ſoit demeurée courbe , tant parce qu'elle eſt convexe en de-hors, que parce qu'elle ſe porte en dedans du coſté gauche au coſté droit.

Toutes ces choſes ont eſté pu-

bliquement demontrées à Thoulouſe , & amplement verifiées
par l'enqueſte qui en a eſté faite,
ſuivant l'Ordonnance de la Cour
de Parlement de cette Ville,
dans laquelle on voit les depoſi-
tions d'vn grand nombre de Per-
ſonnes dignes de foy : Au ſurplus
la relation que j'en viens de faire, eſt conforme aux Memoires
qui m'en ont eſté envoyez, & au
raport qui m'en a eſté fait par
Jean-François Puget , aiſné &
ſeul maſle de trois enfans de
Marguerite Mathieu qui ſont
encore vivans , & qui vient de
nous apporter ce prodige , pour
en faire vn ſpectacle public. Il ne
reſte plus qu'à rechercher les
cauſes naturelles de tant d'éve-
nemens extraordinaires.

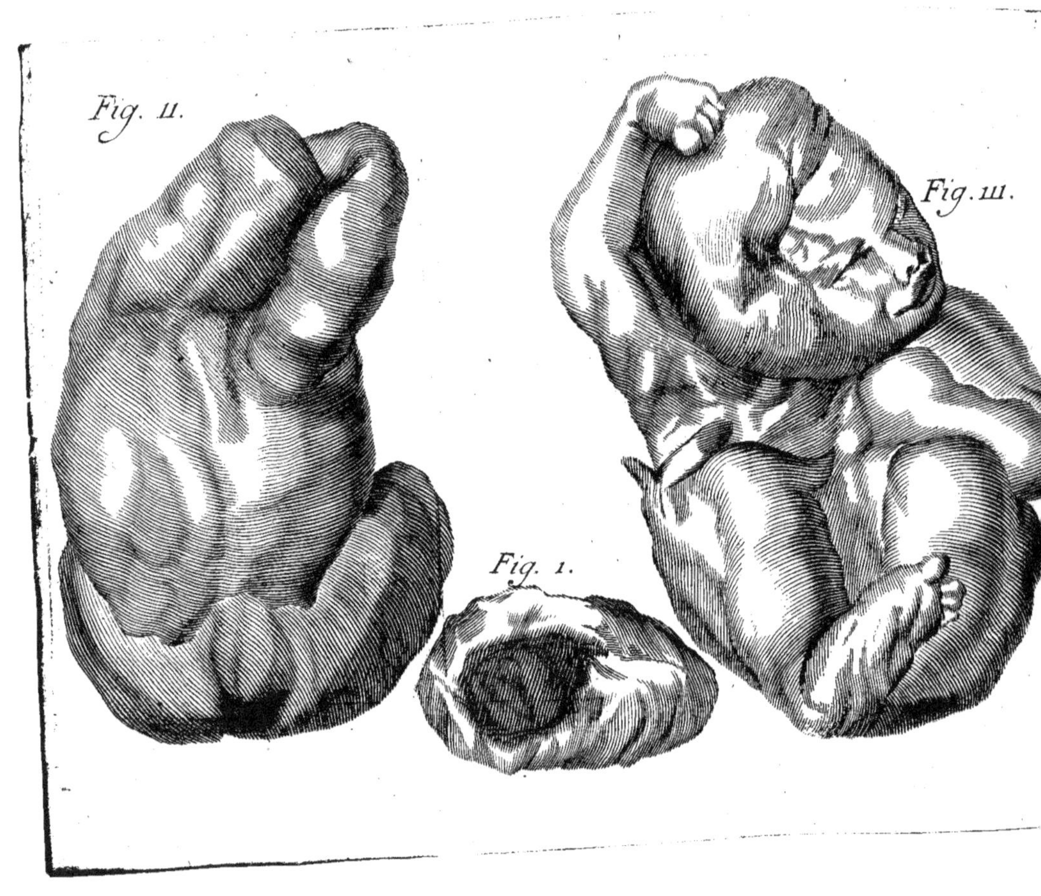

Fig. II.
Fig. III.
Fig. I.

REFLEXIONS,

Sur les principales circonstances de cette Histoire.

POur ne me point écarter du sujet dont il s'agit, je ne m'arresteray point à rechercher qu'elles sont les causes naturelles de l'accouchement, le hazard me fournira peut-estre vn endroit plus propre à les expliquer. Je dois seulement poser en fait, que ces causes avoient determiné nostre Enfant à sortir de la Matrice, puis qu'il estoit à terme, & que le travail s'estoit fait à peu prés de la maniere ordinaire: cela estant presupposé, la premiere difficulté qui se presente, est de sçavoir pourquoy l'orifice interne de la Matrice

avoit refifté aux efforts de la
Mere & de l'Enfant; c'eft à dire
pourquoy il ne s'eftoit pas ou-
vert fuffifamment pour permettre la fortie libre , ou au moins
l'extraction forcée de cet Enfant, puifque toutes les fois que
les Femmes font en travail, il ne
manque pas de fe dilater , telle
que puiffe eftre la pofture en laquelle les Enfans fe prefentent,
& que tous ceux que Marguerite avoit euë avant celuy-cy , mar-
quent affez que cette partie
eftoit naturellement bien con-
formée.

Cependant il n'eft pas difficile
de refoudre cette difficulté : On
fçait qu'vne partie peut avoir
dans vn temps, vne indifpofition
qu'elle n'avoit pas foufferte dans
vn autre, & que l'orifice interne
de la Matrice ,eft fufceptible de

l'inflammation, de l'endurciſſe-
ment, de la convulſion, & gene-
ralement des maladies qui ſont
communes à toutes les parties
charneuſes & membrâneuſes, &
qui en peuvent interrompre ou
dépraver les actions ; & la con-
joncture dans laquelle Marguerite ſe trouva dans le temps de
ſon travail, pouvoit bien cauſer
l'vne ou l'autre de ces maladies,
puiſqu'alors toute la Ville de
Thoulouſe eſtoit effrayée par
vne contagion naiſſante, & que
dans les femmes toutes les fortes paſſions de l'ame, ſe font ordinairement reſſentir à la Matrice.

Mais l'orifice interne n'ayant
pû eſtre dilaté, comment noſtre
enfant n'eſt-il pas reſté dans la
Matrice, comme tant d'autres
qui y ont eſté retenus bien du

temps au delà du terme ordinaire ? & comment a-t'il pû en
fortir pour fe jetter dans la ca-
pacité du ventre ? C'eft vn autre fujet d'admiration : mais qui
peut encore avoir des caufes
naturelles, cet enfant fe prefen-
toit apparemment la tefte en
bas ; puifqu'il a efté trouvé dans
cette pofture, les Eaux ne pou-
voient fe former de ce cofté-là,
puifqu'il y avoit vne refiftance
invincible ; cependant les douleurs du travail eftoient fortes,
& on fçait que plus elles le font,
plus la ferofité qui environne
l'enfant eft agitée, & determi-
née à pouffer fes membrânes en
pointes pour luy faire vn paffage, & les mettre ainfi dans la dif-
pofition qu'on appelle les Eaux
formées. On peut donc déja pré-
juger, que la ferofité fe portoit

pour cela à chaque douleur du
cofté de l'orifice interne , & il
n'eft pas difficile de croire, qu'elle pouvoit enfuite retourner à la
partie qui luy eft oppofée par vn
mouvement de refraction, & y
produire ainfi le mefme effet ;
puifque d'ailleurs Marguerite
eftoit couchée, & qu'apparemment on avoit égalifé en quelque forte la hauteur de cet orifice, & celle du fond de la Matrice ; puifque les Chirurgiens Ac-
coucheurs & les Sages-femmes,
obfervent prefque toûjours de
hauffer les feffes des femmes
qui accouchent fur le lit, pour
faciliter la fortie de l'enfant.

On peut dire neanmoins que
les Eaux ne prennent la forme
que j'ay dite, qu'à la rencontre
de l'orifice interne ; & qu'ainfi
pour fe former à fon oppofite,

elles auroient dû necessairement rencontrer la circonference de quelque espace, c'est à dire de quelque solution de continuité. Or Marguerite n'avoit point d'Ulcere dans le fond de sa Matrice, puisqu'avant son travail elle n'avoit rien souffert d'extraordinaire; & l'impulsion reïterée des Eaux, ny mesme des parties de l'enfant, n'y a pû causer vne playe assez grande pour luy donner passage, puisque toute l'étenduë de ce fond est naturellement recouverte par le *Placenta* ; & que s'il en avoit esté assez detaché pour permettre cette division , Marguerite auroit rendu du sang par la Vulve ou par le Siege durant son travail; ce qui n'est point arrivé.

Mais la situation des trompes de la Matrice nous fait voir

qu'encore qu'elles aboutissent
en quelque sorte dans son fond,
leurs emboucheures peuvent
bien n'estre pas recouvertes par
le *Placenta* qui n'en occupe que
le milieu ; & l'experience nous a
fait connoistre, qu'elles se peuvent dilater considerablement
dans toute leur étenduë, puisqu'il s'y est quelquefois engen-
dré des enfans, qu'on sçait y avoir
vêcu & s'y estre accrûs pendant
quatre ou cinq mois. Que s'y on
m'oppose à cela que la quantité
de semence masculine qui est ne-
cessaire pour la generation, s'y
peut insinuer sans que leur en-
trées soient fort amples naturellement, ny mesme capables
de s'étendre au besoin ; je ré-
pond que cette raison ny toutes
celles qu'on peut alleguer, ne
pouvant rien faire contre l'ex-

perience , l'Histoire que je vais raconter, prouve incontestable_ment que les emboucheures que j'ay dites , ne peuvent guere moins souffrir de dilatation que l'orifice interne.

Le trentiéme Avril 1676. Madame Langlois tres-habile Sa_ge-femme , me fit appeller pour accoucher la femme du nommé Bourguignon , soldat invalide demeurant dans la ruë du Bac, je trouvay la téste de l'enfant fort avancée au passage , mais outre que les douleurs du tra_vail estoient cessées depuis plus de vingt-quatre heures, les si_gnes de sa mort nous marque_rent la necessité d'en faire l'ex_traction ; ce qui fut executé sur le champ avec succés , & l'arrie_re-faix tiré dehors en la maniere ordinaire. Cependant quoy que

rien ne se fut ensuite presenté
pour sortir, cette femme ressentit encore quelques douleurs, &
je trouvay en touchant son ventre à la region ombilicale, & tirant vn peu vers le foye, vne
rondeur mobile, dure & toute
semblable à celle de la teste d'vn
enfant ; je la fis remarquer à la
Sage-femme, & parce que nous
jugeâmes delà que nostre femme n'estoit pas parfaitement dé-
livrée, je remis la main dans la
Matrice, & apres avoir cherché
exactement dans toute sa cavité,
je trouvay l'entrée de la trompe
du costé droit vn peu entr'ouverte ; ce qui me donna lieu d'y
introduire d'abord le doigt in-
dex, puis vn autre, & enfin toute
la main, j'en tiray plus de deux
livres de sang caillé, & en quelque sorte endurcy ; & comme

elle n'eſtoit remplie que de cette matiere, la rondeur que j'ay dite ne ſe fit reſſentir apres cela, qu'autant que la dilatation & le gonflement de cette partie le pûrent permettre.

Cette experience prouve donc que l'entrée des trompes de la Matrice peut ſouffrir vne fort grande dilatation, mais il reſte encore deux difficultez à reſoudre ſur cet article : La premiere eſt, que ſi cette partie avoit eſté fort ouverte au moment du paſſage de noſtre enfant, il n'auroit pas cauſé l'Ulcere qu'on a trouvé dans la Matrice : La deuxiéme eſt, que cet Ulcere occupoit juſtement toutĕ la circonference du fond de cette partie, & que l'entrée que je viens de dire, eſt toûjours à coſté de ce fond. La ſolution de ces deux points eſt facile.

facile. Les Chirurgiens Accou-
cheurs & les Sages-femmes, fça-
vent que dans tous les accou-
chemens naturels , les enfans
fortent toûjours avant que la
circonference de l'orifice interne, foit auffi grande que celle de
leur tefte, & qu'ils agrandiffent
ce paffage dans le temps mefme
qu'ils le traverfent. Il peut donc
eftre arrivé que noftre enfant fe
foit engagé dans la trompe que
j'ay dite, avant que l'impulfion
des eaux y eût caufé vne fort
grande dilatation ; & qu'ainfi il
auroit pû faire en paffant la fo-
lution de continuité, qui a peut-
eftre donné naiffance à l'Ulcere
dont il s'agit ; & que cette folu-
tion fe feroit plûtoft faite du cô-
té que la Placenta eft attaché
à la Matrice que de tout autre,
puifqu'elle eft toûjours plus hu-

mide & par conſequent plus molles en cet endroit qu'ailleurs.

Je ne m'arreſteray point à expliquer la generation du corps pierreux qui a eſté trouvé ſur le fond de la Matrice, on ſçait par experience que dans les Ulceres qui ne ſont pas mondifiez, le pus qui s'arreſte ſur leurs bords, y acquiert par ſucceſſion de temps la dureté des pierres : Mais quelqu'vn pourroit douter comment les pieds de noſtre enfant, qui ont vray - ſemblablement paſſé les premiers, ont pû ſe ranger de façon qu'ils ayent ſuivy tous deux le mouvement des Eaux, & entrer ainſi en meſme-temps dans la trompe, vû qu'ils ſont naturellement recourbez dans la Matrice, & aſſez écartez l'vn de l'autre : Mais outre

que dans les differens mouve-
mens de cet enfant ils ſe peuvent eſtre ainſi rangez par ha_
zard, les genoüils qui ſe joignent
ordinairement d'aſſez prés, peuvent bien avoir paſſé les pre_
miers, ſans que les pieds couchez
vers les feſſes, ayent pû arreſter
le reſte du corps. Quoy qu'il en
ſoit, il y a bien de l'apparence
que ſa teſte n'a paſſé que la der_
niere, puiſqu'elle eſtoit appuyée
ſur le fond de la Matrice ; & que
la diſpoſition dans laquelle on a
trouvé ſon bras droit, fait voir
qu'il a ſervy d'écliſſe pour em-
peſcher que la teſte ne fut ar_
reſtée au paſſage ; ce qui eſt ſe_
lon pluſieurs Autheurs vne cir-
conſtance neceſſaire, dans les ac-
couchemens où les enfans ſont
tirez par les pieds.

Voila donc la ſortie de noſtre

enfant hors la Matrice affez
bien expliquée, il faut mainte-
nant examiner ce qui s'eſt paſſé
enſuite, durant tout le temps
qu'il eſt reſté dans le ventre de
ſa mere, & ſur tout comment il
a pû s'y conſerver. Pour cela, il
faut premierement poſer en fait
que les corps des animaux ſont
preſervez de pourriture, ou par
les alimens qui entretiennent la
vie, ou par certaines matieres
qui en empeſchent la diſſolution
apres la mort. Or ces deux cauſes peuvent avoir concouru en-
ſembles à la conſervation de nô-
tre enfant ; car en premier lieu,
rien ne nous empeſche de croire,
qu'il a continué à recevoir durant quelque-temps par les vaiſſeaux ombilicaux, le ſang neceſſaire pour ſa ſubſiſtance, puiſque
nous experimentons tous les

jours, que dans les differens ter-
mes où l'accouchement se peut
faire, on trouve quelquefois le
Placenta si adherent à la Matrice, qu'on est obligé de le déta-
cher avec les doigts & par mor-
ceau ; c'est vne observation de
fait, & qui ne peut point estre
contestée.

Que si cette masse peut de-
meurer fortement attachée à la
Matrice, apres mesme que l'enfant en est dehors ; c'est assez
que la chose soit arrivée ainsi à
l'égard de Marguerite, pour que
son enfant aye continué à recevoir sa premiere nourriture, puisque l'air exterieur ne pouvoit at-
teindre le cordon, ny causer par
consequent aucune interruption
au mouvement du sang dont il
estoit traversé ; & il est indubi-
table que c'est par ce moyen

qu'il s'est conservé au moins durant quelque temps , puisque Marguerite ne versa point de sang, dans le moment qu'il passa de la Matrice dans la cavité du ventre, ny mesme dans les jours suivans , & qu'elle en jetta au contraire quelques grumeaux, lors qu'apres quelques semaines écoulées, on luy fit prendre des remedes histeriques & aperitifs, qui exciterent apparemment le détachement d'vne portion du *Placenta* , car quelque-temps apres on vit commencer l'écoulement dont j'ay parlé ; ce qui ne pouvoit estre causé que par la suppuration de cette partie, du cordon & des membrânes, puisque ces choses n'ont jamais esté rejettées en substance , & que lors de l'ouverture du cadavre, on n'en trouva aucun vestige.

On peut donc inferer de tout
ce qui vient d'eftre dit, que nô-
tre enfant à pû eftre nourry environ deux mois hors de la Matrice, tout de mefme que lors
qu'il eftoit encore dans fa capa-
cité ; & il n'eft pas difficile de
comprendre que la croufte dont
il eftoit recouvert, eft ce qui l'a
prefervé de pourriture apres fa
mort, puifqu'elle a pû s'oppofer
à la penetration de l'air, des hu-
miditez & des autres principes
de corruption; mais on peut douter s'il a ceffé de vivre, au moment mefme qu'il a efté privé
du fang qu'il attiroit par le cordon, ou s'il a continué enfuite à
recevoir de la nourriture par
quelque autre moyen: Mais comme la decifion de ce doute eft
tres-delicate, je me contenteray
de rapporter l'oppofition des

raiſons ſur leſquelles ces deux circonſtances ſont appuyées, & je laiſſeray au Lecteur la liberté de prendre le party qu'il luy plaira.

Cette oppoſition paroiſt en premier lieu, en ce qui regarde la generation de la crouſte que j'ay dite ; car s'il n'eſt pas certain qu'avant que le *Placenta* fut detaché, elle pût avoir acquis aſſez d'épaiſſeur pour conſerver noſtre enfant ; on peut dire au moins qu'il n'y avoit en cela rien d'impoſſible, puiſque les Eaux s'eſtant écoulées dans le travail, & l'arriere-faix demeuré dans la Matrice, ce qu'on a trouvé de membraneux dans cette crouſte, ne pouvoit eſtre autre choſe que la trompe dans laquelle noſtre Enfant s'eſtoit jetté. Or cette partie eſt aſſez

dence, pour avoir arresté les
exalaisons qui sortoient du
corps de l'Enfant à mesure
qu'il se dessechoit ; elle est
assez pleine de vaisseaux & de
fibres charneux pour estre in-
égale, & pour avoir ainsi four-
ny des attaches à la graisse,
& les glandulles qui forment
le testiculle , & qui ne sont
jointes que par ses replis, pou-
voient bien s'estre assez écar-
tées dans son extention , pour
former les tuberculles qu'on a
trouvé épars dans cette croû-
te , si bien que tout avoit con-
tribué à la rendre fort épaisse
en tres-peu de temps , & par
conséquent propre à resister à ce
qui pouvoit corrompre le corps
qu'elle contenoit.

D'ailleurs , bien que plusieurs
témoins ayent deposé dans l'en-

B v

queste , que noſtre Enfant s'eſt remué ſenſiblement pendant plus de dix-huit années, ils ont auſſi avoüé qu'ils ne l'avoient remarqué que quand Margue-rite ſe tournoit d'vn coſté ou d'vn autre ; ce qui fait voir qu'il n'avoit que le mouvement de décidence & de totalité, qu'on remarque dans les Mol-les.

Mais , dira quelqu'vn , Mar-guerite reſſentoit environ de neuf en neuf mois des douleurs à peu prés ſemblables à celles du travail ; & il en faut demeu-rer d'accord , puiſque c'eſt vne verité qui a eſté atteſtée par des témoins irreprochables : Mais cela ne prouve pas que ces douleurs fuſſent l'effet des efforts que faiſoit noſtre En-fant pour ſortir ; on a remar-

qué qu'il n'eſtoit ſoûtenu que
par l'Epiploon de ſa Mere, &
s'eſtoit aſſez que cette partie
fût humectée & relâchée de
de temps en temps, pour luy
permettre de s'affaiſſer ſur le
fond de la Matrice , & de la
ſorte pour cauſer les douleurs
du bas ventre en la pouſſant
vers le bas , & celles des reins,
& faiſant l'extention des liga-
mens larges qui y ſont atta-
chez.

Enfin on ne peut pas diſcon-
venir qu'il n'ait pû vivre ſans
le ſecours des vaiſſeaux Ombilicaux ; premierement , parce
qu'eſtant joint à l Epiploon il
pouvoit recevoir de la nourriture par la ſimple appoſition,
& à la façon des Molles , & des
autres faux germes. Seconde-
ment , parce que du coſté de

B vj

cette jonction la peau & les chairs qui font fous elle eftant humectées & teintes de fang, il y a lieu de croire que leurs vaiffeaux eftoient anaftomofez avec ceux de l'Epiploon. En troifiéme lieu, parce qu'eftant encore alors comme vne partie de la mere qui eftoit jointe, & qui joüiffoit d'vne vie commune avec les autres, il n'avoit pas befoin d'vne autre refpiration que la fienne : Et en quatriéme lieu, parce que l'Epiploon eftant devenu extrémement gros & dur, il y a bien de l'apparence qu'il a fait en ce rencontre, vne fonction à peu prés femblable à celle du *Placenta*.

Mais toutes ces circonftances en ont encore d'autres qui leur font oppofées ; noftre Enfant n'eſtoit pas auſſi intimement joint à l'Epiploon que les Molles le ſont à la Matrice, puis qu'il y avoit vne crouſte épaiſſe entre luy & cette partie : Les Anaſtomoſes dont je vient d'é-d'établir la poſſibilité, n'ont pas eſté preciſément remarquées par ceux qui ont fait l'ouverture du corps de Marguerite ; l'Enfant qui ne reſpire point pendant qu'il eſt encore dans la Matrice, doit au moins tranſpirer par les arterres de ſa Mere, & il paroiſt que le ſang ne s'eſt pas diſtribué par ces ſortes de vaiſſeaux dans toutes les parties de noſtre Enfant, puis qu'il n'a pas pris l'accroiſſement que cette nourriture eſt capable de procurer, & que ſi on en excepte le coſté qui eſtoit joint à l'Epiploon, le reſte de ſon

corps n'avoit presque point
de rougeur, n'y d'humidité ; &
que ce qui en paroissoit dans
cet endroit, pouvoit provenir
simplement de ce qui exude
continuellement de ces mesmes
vaisseaux : en un mot, cet Epiploon pouvoit recevoir toutes
les superfluitez du corps comme la partie plus souffrante, &
de la sorte acquerir sans autres
causes l'épaisseur qu'on y a re-
marquée ; & l'on sçait assez que
les humeurs qui ont perdu leur
mouvement naturel, & qui sont
amassez en quelque endroit du
corps que ce soit, reprennent
necessairement vne agitation
extraordinaire qui les fait supu-
rer, ou demeurent dans vn re-
pos qui cause leur endurcisse-
ment.

Quoy qu'il en soit, si nostre

Enfant a vescu aprés la supura-
tion de l'arrierefaix , l'estat au-
quel on a trouvé ses parties
interieures & principales , fait
voir qu'il est mort depuis long-
temps , & qu'il ne doit sa con-
servation qu'à la crouste dont il
estoit recouvert. Je ne dis rien
de la grandeur de ses dents , ny
de ses ongles, on sçait assez que
ces sortes de parties croissent
aprés la mort mesme ; & il y
a encore plusieurs autres points
dans cette Histoire qui ne meri-
tent pas de fort amples expli-
cations : Car si , par exemple , on
n'a pas trouvé des cheveux sur
toute la teste de cet Enfant, c'est
parce qu'elle estoit prés de l'ulcere de la Matrice tandis qu'il
supuroit, & que la peau dont elle estoit recouverte fut dilace-
rée , & en partie consumée par

ce moyen, ſi les viſceres & les autres parties interieures eſtoient plus fleſtries que les chairs des extremitez ; c'eſt parce qu'elles ont plus d'humidité, & moins de ſolidité que les autres. Si les lévres eſtoient bordées d'vne matiere encore plus dure que la crouſte dont il a eſté parlé, c'eſt parce que les phlegmes épais que les Enfans jettent par la bouche quand ils ſont hors de la Matrice, vifs ou morts, avoient pû entrer dans la compoſition de cette matiere, qui par ce moyen auroit enfin acquis la conſiſtance d'vne colle fortement deſſechée : Enfin ſi dans les dernieres années de la groſſeſſe de Marguerite, elle n'a plus ſenty remuer ſon Enfant, c'eſt parce qu'alors l'Epiploon avoit aſſez de dureté, d'épaiſſeur & de ſtabilité, pour le tenir dans vn aſſujettiſſement continuel ; Ainſi ſans m'étendre davantage ſur toutes ces circonſtances, je paſ-ſe aux conſequences qu'on peut tirer de toutes les obſervations precedentes.

La premiere remarque qu'on doit faire ſur ce ſujet, eſt que l'operation Ceſarienne ne doit pas eſtre abſolument rejettée pendant la vie meſme des Fem-mes enceintes, comme quel-ques nouveaux Autheurs le ſoû-tiennent, puis qu'il ſe peut en-gendrer des faux germes & des enfans dans les trompes, que ceux meſmes qui ont eſté con-çeus dans la Matrice s'y peu-vent jetter, & que les vns n'y les autres, n'en peuvent eſtre plus promptement n'y plus ſeure-ment tirez que par ce moyen.

La deuxiéme eſt, que ſi cette operation avoit eſté faite ſur Marguerite deuëment & à temps, on auroit pû tirer ſon Enfant vivant, & luy épargner les cruelles douleurs qu'elle a ſouffertes durant tant d'années.

La troiſiéme eſt, que l'inciſion de la Matrice eſtant ce qu'il y a de plus à craindre dans cette operation, on ne riſquera pas beaucoup en la pratiquant, lors qu'on ſera aſſuré que les enfans ſeront dans les trompes.

Enfin la quatriéme eſt, que lors qu'aprés vne groſſeſſe certaine, vn travail arrivé au terme naturel, des douleurs du caractere de celles, qui precedent l'accouchement & des Eaux écoulées par le col de la Matri-

ce, on trouvera encore ſon orifice interne exactement fermé,
& l'enfant ſitué au coſté droit
ou au coſté gauche, & plus
haut qu'il n'eſtoit auparâvant,
avec vn mouvement de deci-
dence: on pourra s'aſſurer qu'il eſt
dans l'vne ou l'autre des trompes, & qu'ainſi l'operation que
j'ay dite peut eſtre pratiquée, ſi
les diſpoſitions du ſujet n'y repu-
gnent point.

F I N.

AVIS.

ON distribuera doresnavant chez le mesme Iean d'Hourry, & vers la fin de chaque mois, deux Cahiers de douze feüillets chacun, qui contiendront toutes les Nouvelles découvertes qui ont esté faites, & qui se feront cy-apres sur toutes les parties de la Medecine, & on les donnera toûjours pour le prix de cinq sols; en sorte qu'on aura par ce moyen à la fin de chaque année, vn Livre également curieux & vtile, qui sera d'vn volume considerable, & qui ne reviendra tout relié en veau, qu'à trois livres huit sols au plus, ces sortes de relieures ne coûtant que sept ou huit sols.